U0466016

The Boys' Guide to Growing Up

Choices and Changes During Puberty

迎接我的青春期

发育障碍男孩成长手册

[美]特丽·库温霍芬（Terri Couwenhoven,M.S.）著　白萍　张勇　译

華夏出版社
HUAXIA PUBLISHING HOUSE

献给我主持的青春期工作坊里的孩子们及其父母，他们让我明白了，获取简洁有效的信息是如此重要的一件事。

性教育，刻不容缓

青春期的智障学生由于身体发育状况和落后的认知水平之间存在着不匹配，他们不会正确表达自己心里的感受和处理生理问题，个别学生有时还会在教室等公共场所触摸自己的性器官。要想解决这些问题，必须重视对特殊儿童进行正面教育，适时开展符合他们认知水平的性教育，在这一点上，所有特殊教育工作者早已达成共识。

从前，我们认为的性教育就是让学生知道青春期生理的变化和自护知识。其实这样的理解是十分狭隘的，这些内容仅仅是性教育中的一部分。性教育包含了从性别角色、性别认同、人体结构、生长发育到性需要、性取向、性行为、怀孕与分娩，以及性侵害等方方面面。性教育涉及的内容完全能够形成一门系统的课程，贯穿我们的一生。《迎接我的青春期：发育障碍男孩成长手册》和《迎接我的青春期：发育障碍女孩成长手册》描述了在青春期到来之际，男孩和女孩在生理和心理上分别会发生哪些变化，主要包括身体的生长发育和性需要的产生，并为孩子提供了应对这些变化时可采取的策略。《迎接我的青春期》包含的内容并不广泛，但作者抓住了青春期孩子面临的最窘迫的问题，这些问题的解决是成功开展性教育的第一步，也是最重要的一步。

那么，教师和家长应当何时开始性教育呢？我认为应当即刻开始。当孩子处于婴幼儿时期时，我们就可以教他们认识性别角色，形成性别认同，并学会自我保护。随着孩子身体和心智的发育，我们可以逐渐教他们生长发育、性需要、性行为、性侵害的相关知识，直至孩子即将成年甚至已经成年时，仍有必要继续性教育，教他们如何满足自身的性需要，如何建立和维护亲密关系，以及如何避孕等。《迎接我的青春期》为智力障碍儿童所作，所需阅读水平相当于三年级小学生的阅读水平。所有阅读水平达到这个标准且对青春期的发育变化不太了解的孩子都可以阅读这本书，如果孩子的阅读水平没有达到标准，也可以在家长或教师的引导下阅读。《迎接我的青春期》的读者不限于智力障碍儿童，更不限于即将或已经步入青春期的孩子。

家长和教师在进行性教育的过程中可能面临“望性生畏”“唯性难讲”的困境。我认为造成这一困境的原因一方面是家长和教师对性教育没有形成正确的态度，另一方面是缺少可供参考的教学资料。首先，家长和教师自身在对待性教育时不能逃避，要抱以客观坦诚、严肃认真的态度。其次，找到合适的教学资料也是开展性教育中重要的一环。《迎接我的青春期》就是一套为特殊儿童设计的性教育图书，用客观的语言描述了青春期身体会发生的各种变化。语言简单易懂，符合特殊儿童的阅读水平。书中还配以大量具体写实的插图，可以更好地帮助儿童了解身体的真实面貌。《迎接我的青春期》帮助家长和教师讲解并描绘了很多“难以启齿”的问题，非常适合在培智学校和家长群中推广使用。

如果您想要教孩子一些有关青春期的知识，又不知从何开始，那么这套书可以作为您的得力助手开展教学。所以，即刻开始您和孩子的性教育之旅吧！

芦燕云

北京市西城区培智中心学校校长

“让他们拥有更完整的人生”

——以家长视角看发育障碍孩子性教育的必要性和重要性

性是所有动物的基本特征，自然也是人类的基本特征，当然也包括孤独症谱系人士及其他发育障碍人士。因为他们缺乏像普通人一样可以自发地、自觉地从社会资源尤其是人际关系中去学习、去观摩、去借鉴、去实践的能力，所以我们更需要为他们提供实际的、具体的、详细的、科学的性教育，帮助他们预防问题、解答困惑、适应变化、明晰界限。作为一名孤独症孩子的家长，我更能看到性关系与社会关系之间的紧密联系，而发展社会关系必备的社交和沟通能力恰恰是孤独症孩子的核心障碍之一，在缺乏这两种基本能力的情况下，唯一能补救的就是教育和实践了，尤其是长期的、适时的、细致的、实际的性教育。

以我个人的经历和体会来看，我认为对孤独症谱系孩子的性教育家长应该做到如下几点：

1. 家长端正对性教育的认识，是残障孩子拥有完整人生的基础。

毕竟绝大多数的发育障碍孩子和成人在日常生活中，很大程度上还是要依靠外来的辅助，而其中占比最大、持续时间最久的辅助自然来自家长。如果家长坚决不认同自己的残障孩子也应该尽可能地有一个完整的人生的话，那么这孩子将来的路自然会狭窄得多。其实，大多数家长不愿进行性教育是出于自身对性教育的认识不足，比如：担心万一孩子有恋爱成婚的需求，却没有能力可以实现；担心会增加孩子遭到性侵犯的概率；或是担心不知道如何回答或解决这方面的问题或困难。这些都是对性教育认识上的偏差，我们可以通过学习、交流和实践改变并加深对性教育的认识。比如说，有些家长从科研调查及其他家长的经验中得知，虽然发育障碍孩子在认知能力和心理水平等多方面都会落后于同龄人，但他们的性发育往往不会落后，这必然会带来心理上、认知上和社交上出现一系列差距和问题。家长们通过交流学习，看到了这个事实，从而改变了最初的想法，开始开展性教育。在孩子自身能力不足的情况下，大概也只有靠家长去督促、去争取、去学习、去交流，才能帮助孩子“拥有一个完整的人生”。

2. 家长把握特殊孩子的需要，学习性教育相关专业知识和技能，这是对他们进行有效的、全面的性教育的关键。

我们都知道，发育障碍个体的情况千差万别。我们根本不能用教育普通孩子的方式去教这些孩子，而是需要根据他们自身的障碍程度和接受方式进行教育，要看他们的认知能力、学习方式、思维方式、社会经验、社交范围、实践能力等各方面情况如何，总之要量身定制，否则没有效果。

但是怎么去说，怎么去教，该教什么，该注意什么，这里面有很多具体的问题需要解决，也需要给家长及教育工作者提供必要的资源。美国近年来出版了一些针对各类残障人士的性教育教程，非常实用，其中有些也已经被引入国内，比如华夏出版社出版的《智能障碍儿童性教育指南》《迎接我的青春期：发育障碍男孩成长手册》《迎接我的青春期：发育障碍女孩成长手册》，这三本书是由美国资深的性教育专家根据多年的经验撰写而成，尽管原书主要面向唐氏综合征儿童和青少年，但书中所述的基本知识和建议同样适合其他发育障碍青少年，可以为构建性教育和青春期教育框架提供参考，据此为发育障碍青少年进行既系统全面又切合实际的性教育。

3. 家长要认识到对特殊需要青少年，乃至成人的性教育，是一个长期的过程。

发育障碍人士的自身特点和局限决定了他们无法做到听你讲一次就懂了，听懂了就会用，会用了就能融会贯通，现在会了将来还会，解决了这个问题就能明白下个问题怎么去做。所以对于我们这些家长来说，首先要知道性教育不是一朝一夕的事情，而是要根据孩子生理年龄、认知程度和心理水平的发展，以及生活中不断出现的新情况、新动向、新问题，不断地跟进、分析、教育、引导、防范和鼓励。性教育伴随着他们的成长。

作为一个孩子在早期就被诊断为孤独症谱系障碍的家长，我建议各阶段的性教育内容如下：

（1）幼儿阶段

培养基本的生活和卫生习惯。如不随地大小便，能够独立如厕，学习独立穿衣。

（2）小学阶段

能独立穿衣洗澡，懂得什么是隐私部位，知道如何保护自己和别人的隐私部位，知道在公开场合以及私底下可以说什么或做什么。

（3）初中前后

了解身体的生理变化、性发育和性行为，男生要知道基本的性发育知识，如勃起、射精、遗精等；女生要开始为月经做准备，了解痛经或经期不适，选择合适的文胸等。

（4）初高中阶段

学习把握与异性交往的界限，学习表达好感爱慕的方式，养成良好的个人卫生习惯，遵守公共卫生规则，提高保护个人隐私意识。掌握如何进行恰当的自慰行为。学习相关法规条例，不触犯儿童色情的法律红线。

（5）成人阶段

学习掌握各种人际关系的界限，学习和巩固如何发展与异性朋友的关系。发展亲密关系的成人，要学习“双方自愿”的原则，学习避孕和性传染疾病的知识，学习接受被拒绝和分手，学习有关性骚扰、性侵犯的知识和法规，知道自己有恋爱婚姻生育的权利，学习捍卫自己的理想和权利。

这些任务单还可以很长很多很具体，对上面这些内容的学习是他们走向成人、实现自己人生价值的必要的过程。我们的理想和目标，就是尽可能“让他们拥有更完整的人生”，现在我们努力为他们争取平等的受教育的机会和权利，接下来要为他们争取工作的机会和权利、独立生活的机会和权利，当然还有恋爱婚姻生育的权利。虽然这其中有些或许对很多发育障碍青少年来说太过于遥远，但至少他们有接受完整的、切合实际的性教育的机会和权利，这也正是我们今天要倡导要鼓励要推广的主题。

冯斌
孤独症权益倡导家长

目　录

家长须知

作为发育障碍儿童的父母，您可能习惯于您的孩子在任何事情上都比同龄的孩子慢半拍。令许多父母惊讶的是，他们儿子的身体发育和青春期是完全按正常的节奏开始的！

本书旨在帮助有发育障碍的男孩了解青春期的相关知识。本书面向那些有阅读困难和难以理解社会隐喻的人，所以它与其他关于青春期的书籍有所不同。主要差异包括：

所需的阅读水平较低——虽然本书的内容是给 11 至 15 岁男孩阅读的，但是遣词造句及其理解难度相当于三年级小学生的阅读水平。

视觉线索——本书配有多幅插图，画面清晰，以强调文本中描述的信息，有助于加强理解。

内容——本书的信息范围并不广泛，更关注发育障碍者的需求。我写这本书的目的是向您家男孩介绍在青春期会发生的身体变化，帮助他了解如何处理这些变化。本书的内容是我从 15 年的教学反馈中精炼出来的，是我在面向发育障碍儿童及其家庭开设的青春期工作坊中所讲学内容的概括。

语言——语言简单平实，并在适当的情况下使用了俚语。与在医生办公室经常听到的专业术语相比，发育障碍人士通常更容易接受生活化的俚语。我希望读者能了解各种不同类型的语言表述方式。您也可以和我们分享您更喜欢您家孩子使用哪种类型的表述。

基于您家男孩的个性、学习风格或阅读水平，您可能想和他一起阅读这本书。发育障碍人士在对书籍内容主旨的把握和关注点的表达上都面临更多挑战。我希望这本书能帮助您直接、公开地与孩子谈论敏感的话题。除了本书涉及的内容以外，您的孩子还需要在您的帮助下了解更多有关性的话题。您要成为他的榜样，让他知道谈论性的重要性，所以，现在就开始和您的儿子畅谈吧！不管是现在还是未来，被自己的孩子视为一个可靠的"知识库"是一件非常棒的事情！

您的朋友——特丽·库温霍芬

青春期基本
知识

什么是青春期

这本书将帮助你为生活中的一个重要时间段做好准备。这个时间段叫作青春期。

青春期是孩子开始成长的时期。在青春期，你的身体会发生变化。一些变化会让你看起来更像一个男人，而其他的变化会让你自我感觉更像一个男人。

这些变化的发生是正常现象，它发生在每个人的身上！

男孩和女孩都会经历青春期，但这本书主要讲述发生在男孩身上的变化。

请看下一页男孩和男人的图片。你能看出他们的身体有什么不同吗？

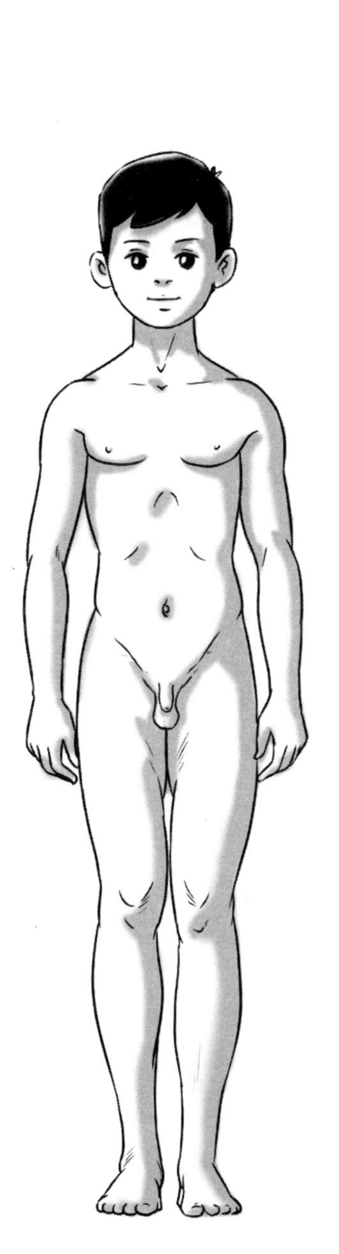

男孩

男人

你的青春期从什么时候开始

简短的回答是：年龄在 9 ~ 15 岁之间。那是大多数男孩青春期开始的时候。

详细的回答是：当你的身体准备好了，青春期就会开始。可能是在你 10 岁或 11 岁的时候，或者年龄稍大一些——12 岁或 13 岁时，甚至直到 14 岁或 15 岁，你的身体可能也看不到任何变化。

你的身体会以自己的速度变化。你需要几年的时间，才能让自己看上去像个成年人。

让我们来谈谈你的身体在青春期会发生哪些变化。

你会看到什么变化

你可以看到的身体变化被称为身体外在的变化。当你看到这些变化时，就意味着你正开始进入青春期。

身体形态的变化

在青春期，你的身体会以多种方式发育！

★你将会变高，你需要更大的衣服。

★你的脚会长大，你需要更大的鞋子。

★你的肩膀会变宽，你可以看到你的肌肉更发达。

在青春期，这些身体上的变化是正常现象。它们会发生在所有的男孩身上。

你的身体需要经过几年时间才会停止发育和变化。青春期结束之际，你的外表看起来会像个男人。

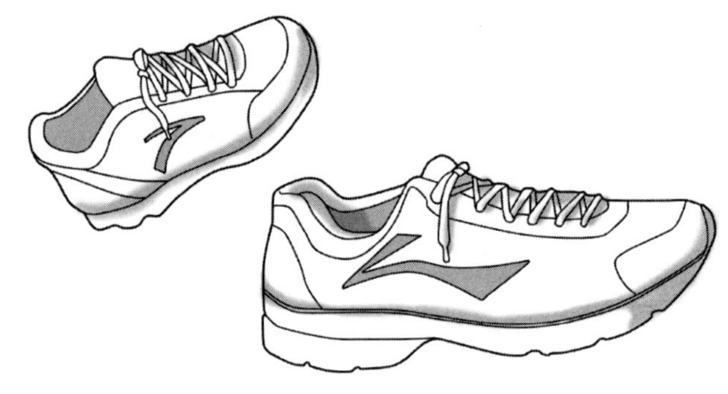

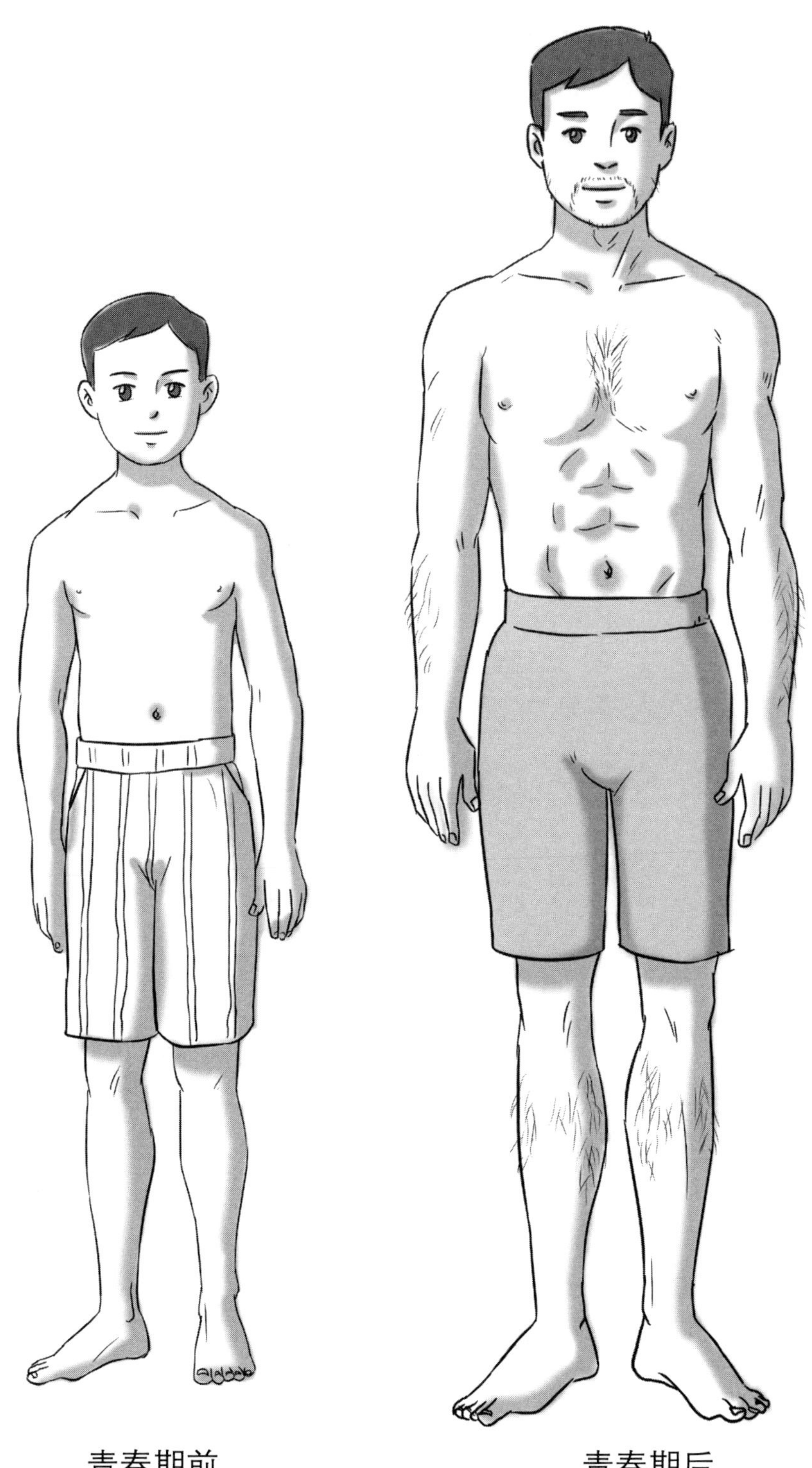

青春期前　　　　青春期后

隐私部位的变化

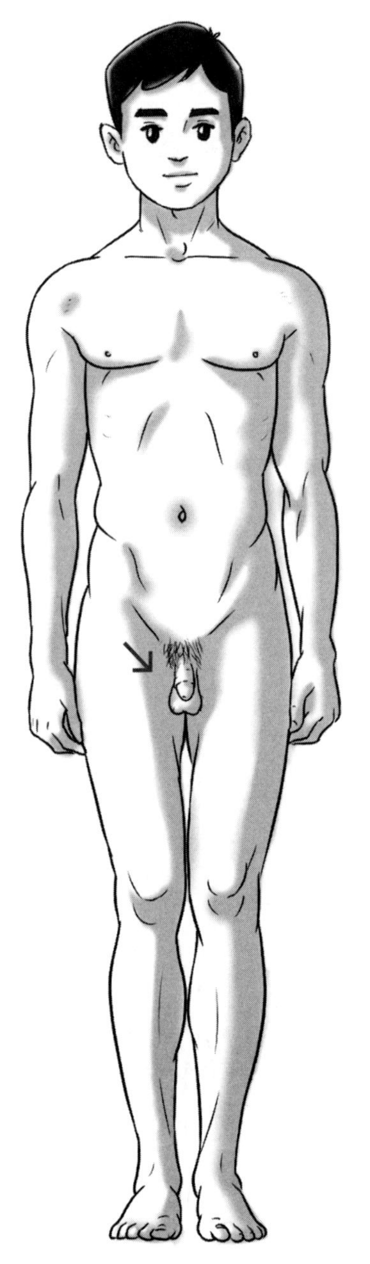

在青春期，你两腿之间的隐私部位也会开始发育！这些部位被称为阴茎和睾丸（或“蛋”）。

有些男孩会担心他们阴茎的大小。它是不是太小了？是不是太长了？不过，每个人的隐私部位都是不一样的。你的阴茎将会长成最适合你的尺寸。

毛发，毛发，到处都是

在青春期，你会长出更多的毛发。体毛会在你身体上开疆扩土，甚至是在以前从来没有毛发的地方。

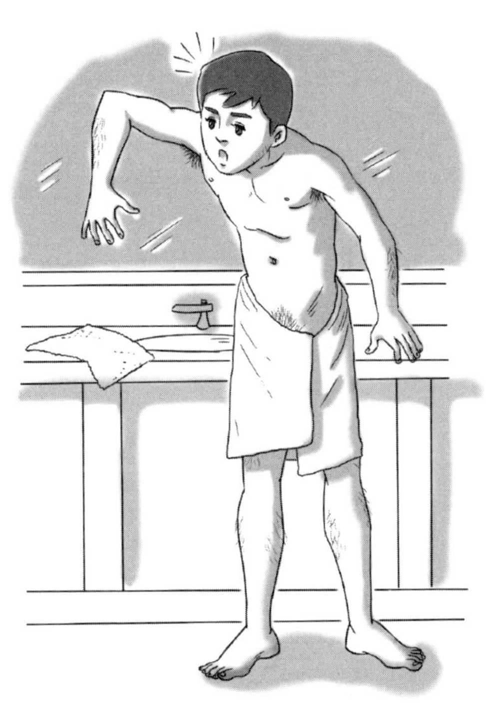

在你两腿之间的隐私部位也会长出毛来。生长在这里的毛被称为阴毛。

你的腋窝里也会长出毛来。

长出阴毛和腋毛是正常现象。但是，这是非常私密的事情！如果你对新长出来的体毛有任何疑问，请只和你的父母或其他你信任的成年人讨论。

你的脸上也会长出毛来。在你的嘴唇上方和下巴上的毛会持续生长。脸上的毛你无须遮掩，暴露在外也没有问题。我们允许其他人看到它们。

起初，你脸上的毛长得很慢。随着年龄的增长，它生长的速度会越来越快。

如果你不剃掉脸上的毛，猜猜你会拥有什么？小胡子或络腮胡！

如果你不想脸上有胡子，你就需要刮掉它。

刮胡子需要反复练习。你的父母可以教你如何使用剃须刀。剃掉脸上的胡子可以让你看起来很干净！

皮肤状况的改变

在青春期，你会看到你的皮肤状况有所变化。你的脸可能会变得爱出油、有光泽，也可能会出现红色的肿块或丘疹，这被称为青春痘（粉刺或痤疮）。有些男孩的背部、胸部或身体的其他部位也会冒出粉刺。

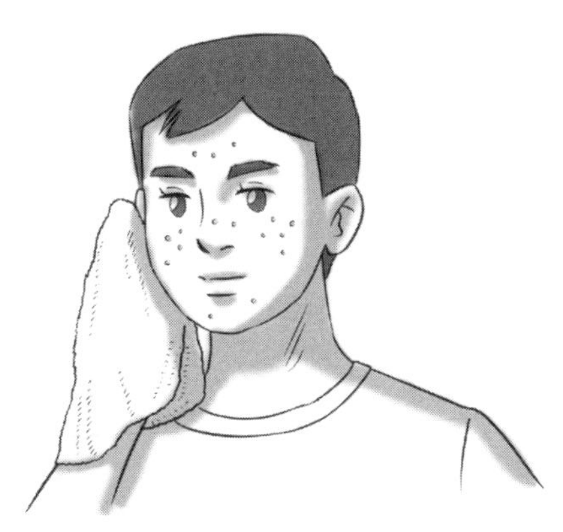

保持皮肤洁净对你来说尤其重要。你需要在早上起床后和晚上睡觉前洗脸，并且尽量不要触摸或挤压粉刺。

如果粉刺疼痛或者过了一段时间都没有消失，那你就需要看医生啦！

那是什么味道?

皮肤状况的变化也会让你闻起来和小时候有所不同！体味在青春期会变得更强烈。

你要做些什么才能让自己不发出异味呢?

★清洗腋窝和隐私部位。

★增加洗澡次数。

★使用体香剂。

很多男孩一进入青春期就开始使用体香剂。揉搓一些在你的腋窝里，你就不会出那么多汗。不仅如此，它还能让你的体味变得好闻一些！

体香剂有很多种。一些是干粉，可以干爽地扑在身体上，另一些则是喷雾。它们的味道也不一样。你可以根据自己的喜好，选择不同味道的体香剂，如肥皂、香水味道的，或者无味的！

如果你的体味很重，人们就不想靠近你。为了减少异味，请每天清洗你的身体并使用体香剂。

在青春期，不仅仅是你的身体外在会发生改变，身体内在也会有所变化。虽然看不见这些变化，但你会感觉到有哪里不一样了。

接下来，让我们来谈谈青春期发生在你身体内在的那些变化吧。

声音的改变

在青春期，你的声音也会有所变化。你的声音刚开始是尖锐的，就像一个孩子。随着你的发育，你的声音会变得低沉和浑厚，听起来更像一个男人。

当你处在变声期时，你的声音听起来可能并不悦耳，甚至有些沙哑。有些男孩会因声音沙哑而感到尴尬。但是请记住，声音的改变是正常现象，会发生在所有男孩的身上。

情绪的变化

在青春期，你的感觉或情绪会改变很多。前一分钟你可能还高高兴兴的，下一分钟，你也许就会感到愤怒或悲伤。这就叫“喜怒无常”。

自己变得“喜怒无常”这很正常。这种情况在青春期的男孩身上很常见。

如何调节你的情绪

对每个人来说，成长中很重要的一部分就是学习如何处理自己的情绪。当你感到自己正处于“喜怒无常”的状态时，我建议你可以做以下这些事情。

★ 花时间做一些有趣的事情。听音乐或看一个你最喜欢的电视节目。你平时最喜欢做的事情有哪些呢?

★ 让你的身体动起来!运动、散步或跳舞可以帮助你走出心情的低谷。

★ 一个人待着。让自己享受一段远离他人的独处时光会非常有用。

★ 写下自己的感受,或者和你信任的人聊一聊。

性感觉的变化

在青春期，当你看到或想到自己喜欢的人时，你可能会油然生起一种全新的、强烈的兴奋感觉。这被称为迷恋或暗恋。

有些男孩会迷恋影视明星，有些男孩会迷恋学校或社区里的某个人，而有些男孩却压根没有这种感觉。这些都是正常的。

如何处理对别人的迷恋

一些青少年会与他们喜欢的人搭讪，因为他们想做一些事情让心仪的人知道自己喜欢她/他。

有的青少年通过与他们喜欢的人交谈来搭讪。他们可能会选择谈论一些安全的话题，如电影或音乐。发现你和你喜欢的人有诸多共同点是一件多么令人高兴的事情啊！和自己喜欢的人交谈会让你感觉很好。

有的青少年会通过做点什么在他们喜欢的人面前表现。他们通过各种方式表达爱慕之情，如写纸条、发信息、微笑、凝视，或者直接靠近那个人。

如果你太害羞而不敢跟你喜欢的人交谈，也没有关系。你可以把你的情感保留在心里，也可以在日记中写下自己的感受。这是另一种处理迷恋的方法。

搭讪规则

搭讪很有趣，但有些规则你需要知道。

1. 只跟周围与你同龄的人搭讪。

2. 不要与成年人（教师、助教、店员、公共汽车司机、服务员）搭讪。

3. 当你得工作或学习的时候，不要搭讪。

4. 有时候你喜欢的人并不喜欢你和他/她搭讪。我们所有的人都可能遇到这样的情况。

如果你喜欢的人不喜欢你，他 / 她可能：

★表现出不想和你说话的样子。

★不理你。

★找借口不和你说话或不愿和你在一起。

★从不回你的信息。

如果你遇到了这几种情况，说明这个人并不喜欢你，你应该马上停止搭讪行为。

这一时期，出现性感觉和迷恋他人的行为是很正常的。当你迷恋的人并不喜欢你的时候，你最好将这份感情保留在心里。如果你有任何疑问，请和你的父母或其他你信任的成年人谈谈自己的感受。

恋人和约会

当你足够成熟的时候，你会想要有一个恋人。恋人之间相互倾慕，彼此产生性感觉，并且有很多共同语言。

恋人们会花时间来一场约会。约会可以帮助他们发现彼此是否合适。

和恋人谈论性感觉是正常和健康的。恋人之间可以说一些私人话题，比如，“你很漂亮”“和你在一起很开心”或“我非常喜欢你”。

并不是每个人都有一个恋人。即使没有也无妨！很多人可能需要很长的时间才能找到一个合适的伴侣。

当你有了性感觉时，还能做些什么呢？

有些男孩在单独一人的时候喜欢触摸或摩擦他们身体的隐私部位。当他们有性感觉或想到他们喜欢的人时就会这样做。这样做的感觉很不错。

触摸或摩擦自己的隐私部位被称为手淫。想了解有关手淫的更多信息，请参见第 32 页。

有些男孩不喜欢触碰自己的隐私部位，这也是非常正常的哦！（如果你不确定自己身体的隐私部位有哪些，请参见第 46 页。）

触摸自己的阴茎、睾丸或臀部是非常私密的事。（这就是它们被称为隐私部位的原因！）确保你这样做时是在自己的卧室或浴室里，且门是关着的。

关于你的阴茎

什么是勃起

当你有性感觉时，你的阴茎可能会变得越来越硬，越来越长（它似乎在“生长”）。这就叫作勃起。在青春期，阴茎可能很频繁地变硬。有时候它似乎毫无理由地就变得坚硬！

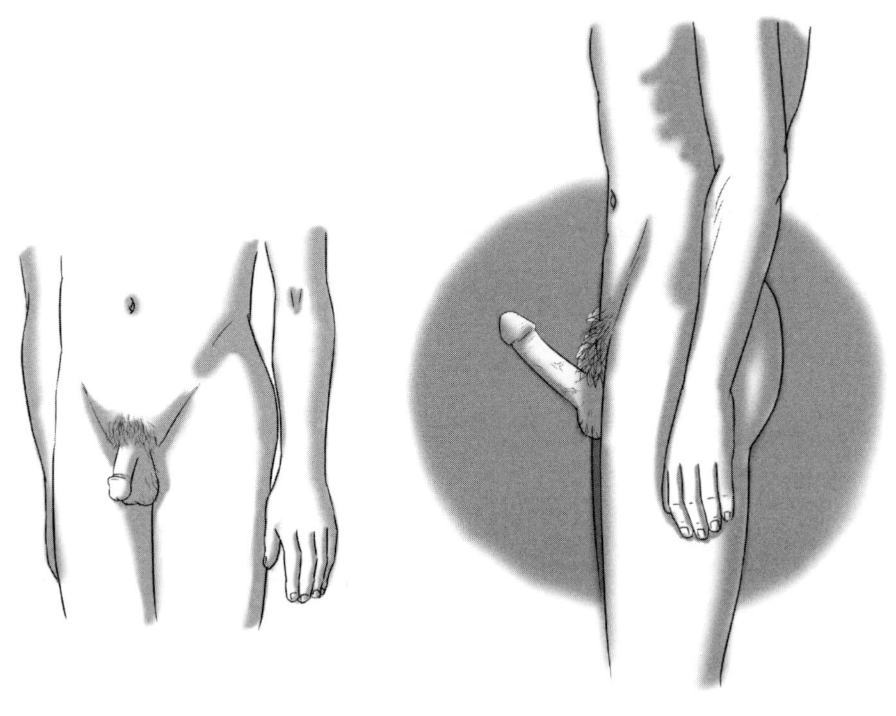

阴茎　　勃起

勃起是个人隐私！

勃起很正常。所有男孩都会勃起。但是勃起是个人隐私。要私密地处理与勃起（或阴茎）相关的事情。

处理勃起

如果你恰好在别人身边勃起，试着不要让他们发现！不要触摸或摩擦你的阴茎。不要告诉周围的人你的身体发生了什么。

勃起消失前你可以这样做：

★在学校，走到你的课桌前坐下。

★在家，坐在椅子上。如果你坐着，别人就不会知道你勃起了。

★穿稍长的衬衫，遮盖你两腿之间的区域。

★当你走路的时候，用运动衫、背包或书本掩盖你的勃起。

★试着想想你喜欢的食物、你的爱好或作业。

如果你不把心思放在阴茎上，而去想想其他的事情，你的勃起会自行消失。

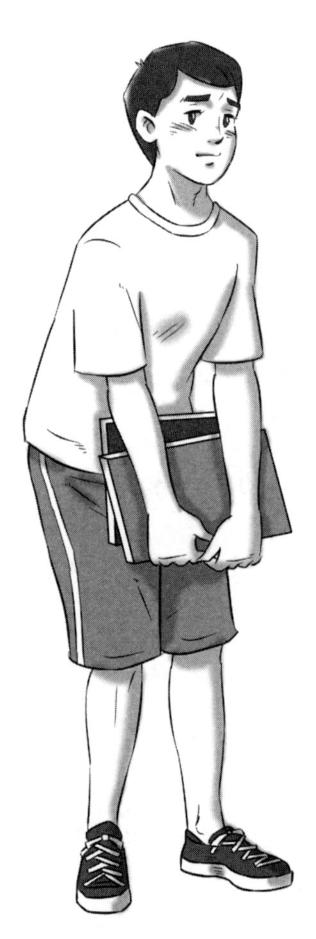

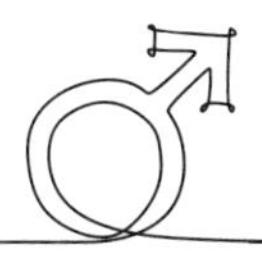

什么是射精

在青春期以前，只有一样东西会从男孩的阴茎里出来，那就是尿。进入青春期后，另一种液体也会从那里出来！这种液体叫作精液。

精液是一种白色、黏稠的液体。它是由你看不见的身体内部器官分泌而成的。这些内部器官在青春期就开始工作了。

精液从阴茎中出来被称为射精（或遗精）。

当你的身体开始产生精液，你就会射精。（精液就会从你的阴茎里喷出。）你必须做点什么才能让精液喷出来。一般它是不会自行流出来的。

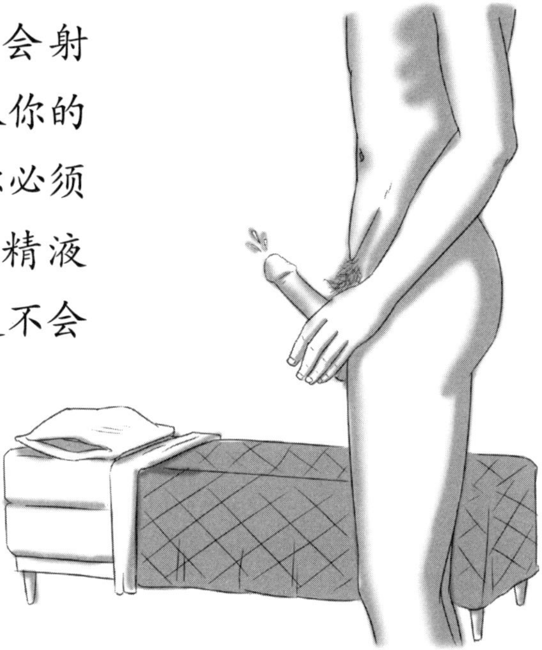

让身体射精的一种方法是触摸或摩擦你的阴茎。（参见第 25 页的手淫）触摸或摩擦你的阴茎会让它变硬。（你还记得我们说过阴茎变硬时叫什么吗？）如果你继续摩擦，精液就会喷出。当精液喷出时，那感觉美妙极了，它可以让一个青少年感到放松。

在精液喷出后，你需要清洁你的身体。我建议你在你的床附近放一些湿纸巾，便于在手淫后擦拭你的阴茎和手，或者去浴室清洗。

一些男孩和男人会在洗澡时手淫。这样他们就可以很方便地在射精后清洁身体了。

射精是私密的事情！

射精是身体的正常现象，每个男孩都会经历，但是手淫和射精是很私密的事情。不要和别人谈论你的阴茎，也不要谈论你私下里做了什么。

什么是梦遗

有的清晨当你醒来，你会发现床单湿了一片。这就是梦遗。梦遗是指精液在你睡觉的时候从你的阴茎流出来（或你在睡觉时射精）。

如果你发现自己梦遗了，那么你要把床单和睡衣洗干净，或者让爸爸妈妈帮你洗。

梦遗是很正常的现象。当你的身体内部器官像成年男性一样开始工作时，梦遗自然而然地就出现了。

梦遗是正常现象，每个男孩都会经历，但这也是私密的事情。请把梦遗作为自己的小秘密，不要公开。如果你有任何疑问，可以和你的父母或其他可以信赖的成年人交流。

处理好人际
关系

处理好人际关系

当你进入青春期，你就长大啦！这是一个练习怎么当成年人的好时机。成年的一个很重要的前提就是知道如何照顾自己的身体和管理自己的情绪。

让我们看看下一页的图表。请你试着将表现身体发生的变化与应该采取的恰当行为的图片相匹配吧。

请正确匹配图片

如果发生这种情况：

我的皮肤老是油乎乎的，还长了青春痘

我有异味

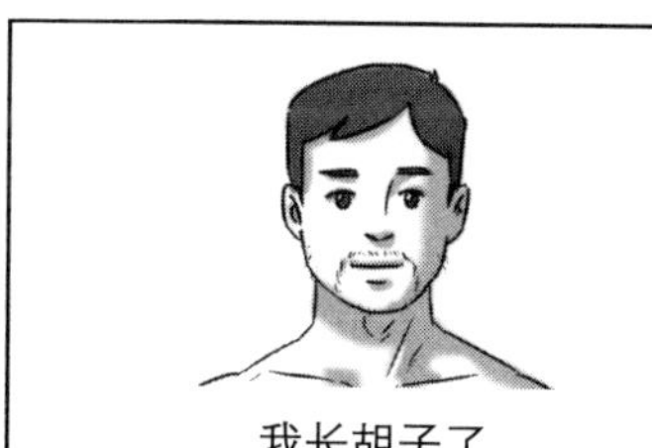

我长胡子了

我在公共场合勃起了

我喜欢上了一个不喜欢我的人

我应该：

将我的感情保留在心里

刮胡子

洗澡

洗脸

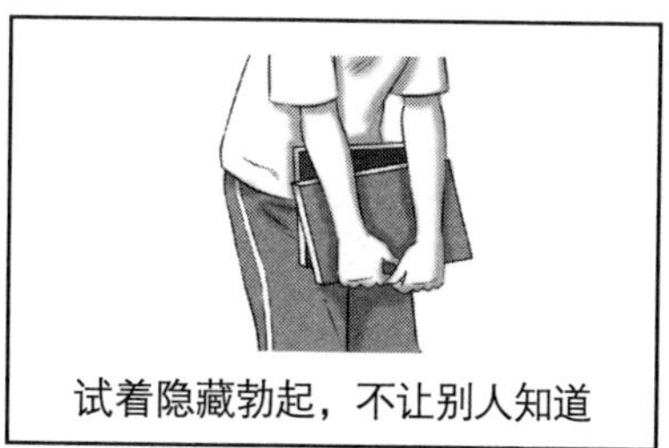

试着隐藏勃起，不让别人知道

保护自己

你现在正在长大，正在学习如何成为一个成年人。你要先学会几个与你的身体有关的规则。这些规则将有助于你在家里和公共场合保护自己。

你的隐私部位以及与你的身体有关的规则

你正在成长为一个男人，你要举止得体。这意味着当有人在你身边时，你要遮盖身体的隐私部位。

如果你不明白哪些是身体的隐私部位，请看第 46 页。

下面是一些规则。

★ 在公共场合要穿衣服。

★ 洗澡后从浴室走到卧室时，要穿上浴袍或裹上浴巾。

★ 换衣服时，一定要关上卧室的门。

★ 如果你要在自己家的浴室里做些私密的事

情，一定要关上门。

★在更衣室里，不要盯着别人的身体看，也要注意不要触碰到别人的身体。

★在公共浴室或卫生间里，请选择使用离他人最远的小便池。眼睛只盯着自己撒尿的地方，双手不要乱动。任何人都不应该在这种场合看你或触摸你。如果你想要更多的隐私，请走进一个隔间并一定关上门。

记住！你的身体是你自己的，且只属于你自己！

与你的身体有关的触摸规则

你的身体在何时可以被别人触摸，这完全由你自己做主。

如果有人想触摸你的身体，而你不想被触摸，你可以大喊：

★ “不！”

★ “停止！”

★ “我不喜欢这样！”

STOP!

NO!

I DON’T LIKE THAT!

你也可以用你的行动来表示你不想被人触摸。你可以：

★举起你的手，坚决地说："停！"

★摇头表示"不！"。

★直接走开。

重要提示：极少数的特殊情况下（两种），即使你不想被触摸，还是会有人来触摸你的身体。这通常发生在你的身体或隐私部位需要被护理的时候。你能举出一些身体需要被护理的例子吗？

哪些人可以看和触碰你的身体

1. 你的医生或护士

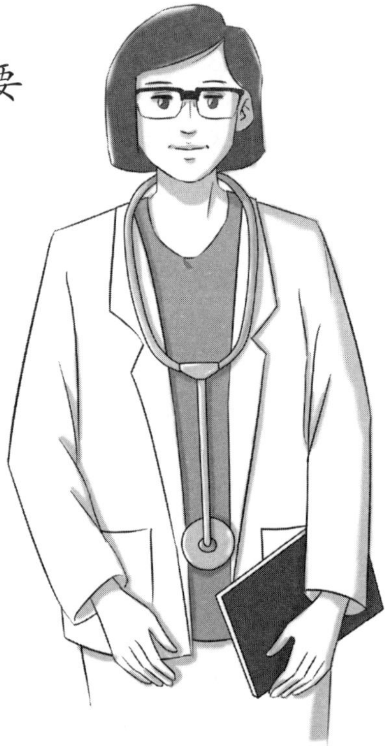

你的医生或护士可能需要你脱下衣服来观察你的身体。他或她还可能触摸和检查你的隐私部位。医生的工作就是检查包括你的隐私部位在内的身体状况，确保你的健康。

2. 你的妈妈、爸爸或其他成年监护人

身体干干净净的，你才能健康地成长。有些男孩需要在他人帮助下学会如何清洁自己的身体。如果你也想学，可以由你的父母或其他可靠的成年人来教你。如果你在这方面需要帮助，让你的父母告诉你谁是可以信赖的人。

如果你能够自己清洁身体，那么其他人就不需要和你一起待在浴室里。如果你想让其他人离开，可以这样说：“请给我一点隐私。”或“如果我需要帮助，我会叫你！”

记住：只有你的医生、护士、父母或其他成年监护人才能看或触摸你的隐私部位。其他任何人都不可以。

如果发生这种情况，你应该：

★说“不！”。

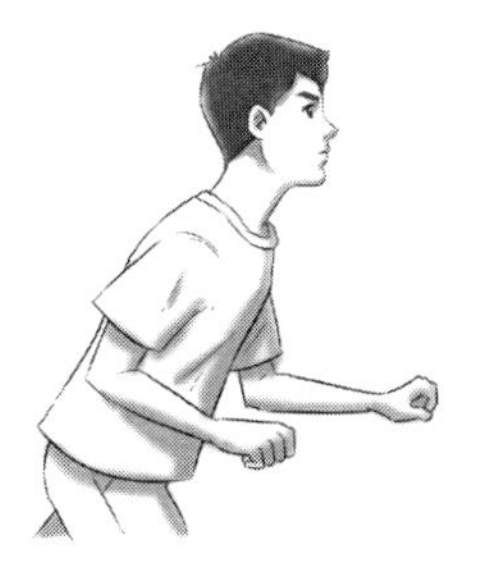

★立刻走开。

★向其他可以信赖的成年人求助。

触摸他人的规则

不是每个人都喜欢被触碰。有时你想拥抱的人会说“不”或后退，这表示他们不想被触摸。

如果你和别人初次见面，你可以握着对方的手说：“很高兴见到你。”人们结交新朋友时，都是这样做的。

千万不要触摸或者拥抱陌生人。

坚决不可以看或触摸别人身体的隐私部位。如果有人要求你看或触摸他们身体的隐私部位，你应该：

说“不！”。

立刻走开。

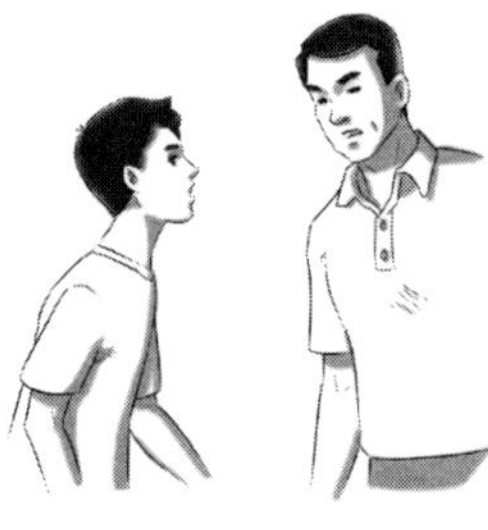

向其他可以信赖的成年人求助。

公开的还是
私密的

身体的隐私部位有哪些

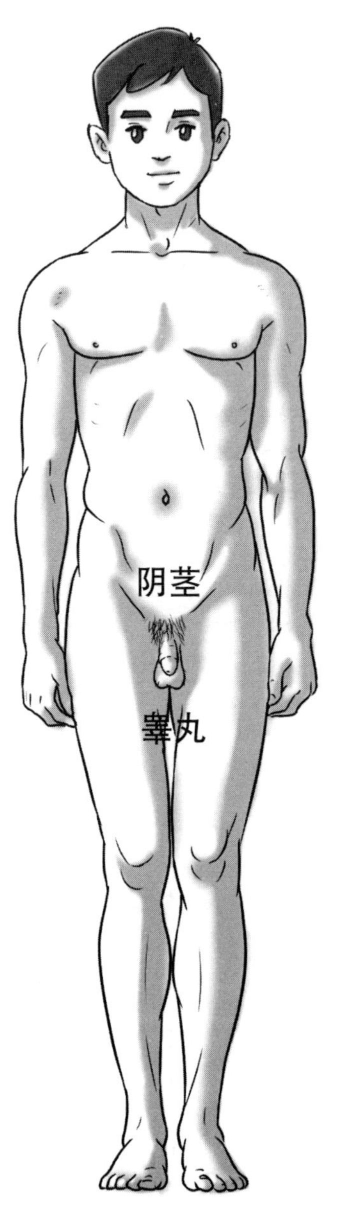

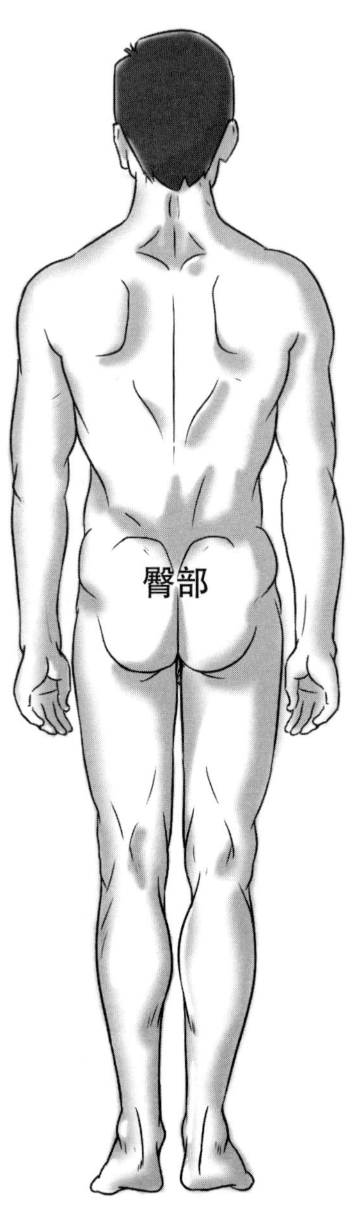

公开的还是私密的

青春期后，你的外表看起来会更像一个大人（而不是小男孩）。当你的外形像个成年人了，人们会希望你的言谈举止也像成年人一样。所以，你需要学习成年人在公开场合以及私底下可以说些什么和做些什么。

让我们再来复习一下这两个重要的词汇：公开和私密。

公开意味着周围有其他人。你能想到一个你最喜欢的公开场合吗？

私密意味着你身边没有其他人。没有其他人能看见或听见你。你在家里有一个私密的地方吗？它在哪里呢？

这是可以公开的，还是属于个人隐私

以下是一个男孩经常会做的一些事情。其中有七项只能私底下进行。你知道是哪几项吗？

1. 触摸自己的阴茎。这是可以公开的，还是属于个人隐私？
2. 询问洗手间在哪里。这是可以公开的，还是属于个人隐私？
3. 吃一个脆筒冰激凌。这是可以公开的，还是属于个人隐私？
4. 在腋下涂抹体香剂。这是可以公开的，还是属于个人隐私？
5. 看一部有接吻镜头的电影。这是可以公开的，还是属于个人隐私？
6. 与他人分享有关自己身体变化的信息。这是可以公开的，还是属于个人隐私？
7. 玩电子游戏。这是可以公开的，还是属于个人隐私？

8. 在商店里买体香剂。这是可以公开的，还是属于个人隐私？

9. 当你的阴茎很痒的时候，就挠挠它。这是可以公开的，还是属于个人隐私？

10. 问别人有关梦遗的问题。这是可以公开的，还是属于个人隐私？

11. 洗澡。这是可以公开的，还是属于个人隐私？

12. 和朋友玩成语接龙游戏。这是可以公开的，还是属于个人隐私？

13. 勃起。这是可以公开的，还是属于个人隐私？

14. 听音乐。这是可以公开的还是属于个人隐私？

答案（请倒过来看）：

属于个人隐私的情境是：1、4、6、9、10、11、13。

最后的话

成长是很正常的事情

从男孩变成男人是令人兴奋的。但你也可能有点担忧。你对发生在自己身上的事情有疑问是很正常的！

当你有问题时，请向父母或其他你信任的成年人请教。除此之外的其他人不需要知道你的身体发生了什么。记住，身体的变化是非常私密的事情。

青春期是我们成长过程中的必经阶段。每个男孩都会度过自己的青春期，这是再正常不过的事情。

关于身体、性感觉和发育成熟的问答

1. 什么导致了勃起?

当你有性感觉时，来自体内的血液会填满阴茎的静脉和动脉。当血液进入阴茎时，阴茎就会变大。

有些男孩和男人在憋尿时也会勃起。当你的膀胱充满尿液，就会导致阴茎变得很硬。在这种情况下，赶快去撒尿就会使勃起消失。

2. 如果我在公共场合勃起怎么办?

我们很难预料自己什么时候会勃起。如果你觉得你的阴茎变硬了，这时尽量不要引起别人的注意。你可以尝试以下解决方法。

★ 如果情况允许，立刻坐下来。如果当时你在学校里走路，马上进入教室坐下来。只要坐下来，别人就注意不到了。

★ 穿比较长的 T 恤或将衬衫的下摆从腰带里面放出来，这样衣服就能盖住你的裤裆部分。别人就不会发现你勃起了。

★ 穿像牛仔裤这样质地比较硬挺的裤子，这会让阴茎在里面难以移动。

★ 想点其他的事情来转移注意力。试着想想你喜欢的食物、回家后要做的事、喜欢的音乐、影视明星等。

★ 如果你正在游泳池里或海滩上，学会用毛巾遮挡你的勃起。冷水也有助于令勃起消失。

3. 梦遗可怕吗?

你第一次梦遗时，可能会担忧害怕。那是因为你对它一无所知，完全不知道它为什么以及什么时候会出现。请记住，梦遗对你的身体没有任何伤害。

本书帮助你了解了你的身体在青春期所经历的变化之后，你就不会再害怕了。

请记住，每个男孩都会经历这些变化。这是你身体健康和发育正常的标志。

4. 尿液和精液有什么不同?

尿液（或尿）的外观为黄色或透明状，来自我们身体内一个叫作膀胱的器官。你的尿量和你喝水的量是有关系的。

精液呈白色黏稠状。它是在我们体内其他的器官中产生的。精液中含有精子，这是人类生育婴儿所必需的。想了解更多相关信息，请看下一个问题。

5. 为什么男孩和男人会射精?

成熟男性（包括进入青春期的男孩）的体内会产生精子。这些精子就在精液里，看起来像小蝌蚪。精子很小，小到肉眼根本看不见。

孕育一个婴儿需要两样东西，一个是男性体内产生的精子，另一个则是女性体内产生的卵子。

当男性体内的精子与女性体内的卵子结合时，就可以孕育婴儿。射精是使精子从男性体内排出并与女性体内卵子结合的主要方式。

当成年夫妇觉得自己具备照顾孩子的能力时，就可以生孩子啦！

6. 我能让性感觉远离我吗?

不能，产生性感觉（或对他人的迷恋）是正常的。我们每个人都有这种感觉。重要的是产生性感觉的场合和对象。

记住，性感觉在大部分时候属于个人隐私，除非在以下这些情况中：

★当你和父母私下交谈的时候。

★当你和对你有同样感觉的人交谈时。

7. 我什么时候可以开始和别人约会呢?

到目前为止,对此并没有统一的年龄标准。有的青少年从高中就开始约会了。大部分人是在他们成年后开始。我们很难预料什么时候会遇到适合自己的人。

约会的关键前提是：你喜欢的人必须也喜欢你。只有当双方互相爱慕时才能开始约会。

8. 人为什么要约会?

约会可以让两个人更好地了解对方。花时间在一起，以此确认双方是否适合彼此。

9. 当女孩说“我们还是做朋友吧”,这是什么意思?

当你喜欢的女孩这么说时，她的意思是：

★她并不钟情于你。

★她不想和你谈恋爱。

★她不想做你的女朋友。

★她不想和你约会。

这些话表示：如果你把她当作普通朋友，而不是恋人，她会感觉更舒服和安全。如果有女孩对你这样说，你应该将对她的爱慕之情默默保留在自己心里。

如果你喜欢的人表示愿意和你做朋友，这意味着：

★你见到她时，仍然可以有礼貌地和她打招呼。

★你们可以聊一些不涉及隐私的话题，如音乐、电视节目、体育活动、正在学的课程等。

★你们可以在集体活动中待在一起。

（关注微信公众号华夏特教，免费获取第3、7、46页图片的电子文件）

图书在版编目（CIP）数据

迎接我的青春期：发育障碍男孩成长手册/（美）特丽•库温霍芬（Terri C. Couwenhoven)著；白萍，张勇译．--北京：华夏出版社，2022.4

书名原文：The Boys' Guide to Growing Up: Choices and Changes During Puberty

ISBN 978-5222-0206-8

Ⅰ．①迎… Ⅱ．①特… ②白… ③张… Ⅲ．①男性－青春期－健康教育－手册 Ⅳ．①G479-62

中国版本图书馆 CIP 数据核字（2021）第 253526 号

北京市版权局著作权合同登记号：图字 01-2021-4249 号

迎接我的青春期：发育障碍男孩成长手册

作　　者 ［美］特丽•库温霍芬
译　　者 白　萍　张　勇
责任编辑 许　婷　李傲男

出版发行 华夏出版社有限公司
经　　销 新华书店
印　　装 三河市万龙印装有限公司
版　　次 2022 年 4 月北京第 1 版　　2022 年 4 月北京第 1 次印刷
开　　本 787×1092　1/16 开
印　　张 4.75
字　　数 15 千字
定　　价 29.00 元

华夏出版社有限公司 地址：北京市东直门外香河园北里 4 号　邮编：100028
网址：www.hxph.com.cn　电话：（010）64663331（转）

若发现本版图书有印装质量问题，请与我社营销中心联系调换。